JN363571

기획 ★ ㈜스튜디오 버튼

버튼 스튜디오는 〈강철소방대 파이어로보〉 〈쥬라기캅스〉
〈출동! 유후 구조대〉 〈시간탐험대 다이노맨〉 들을 기획·제작한 콘텐츠 전문 기업입니다.
다이노맨이 남녀노소 누구나 좋아하는 한국형 슈퍼히어로가 되도록
최선을 다해 노력하고 있습니다.

시나리오 ★ 장혜정

책 속 모험을 즐기다가 국문학을 공부한 뒤, 작가가 되었습니다.
작품으로는 〈뽀로로와 친구들〉 〈뽀로로의 대모험〉 〈선물공룡 디보〉
〈출동! 유후 구조대〉 〈시크릿 쥬쥬〉 〈시간탐험대 다이노맨〉 들이 있습니다.
지금은 영국과 아일랜드를 오가며 요정 찾기 탐험을 하고 있습니다.

글 ★ 이윤진

재미있는 상상과 소소한 행복, 알찬 정보를 담은 이야기를
아이들한테 들려주고 싶어서 글을 쓰고 있습니다.
지은 책으로는 《장날》 《우리말 표현력 사전 4 도대체 뭐라고 말하지?》
《2호의 섭섭 일기》 《행복 구덩이》 《초등 문해력 술술 써지는 글쓰기 자신감》 들이 있습니다.

그림 ★ 이혜영

그림 한 컷으로도 수만 가지 상상이 자라고, 따뜻한 생명력이 느껴지길 바라며
아이들을 위해 재미있고 신나게 그림을 그리고 있습니다.
2008년에 애니메이션 〈꼬잉꼬잉 이솝극장〉 디자인을 시작으로 《숨은 그림 찾으며 수수께끼 300》 《낮과 밤 이야기》
《집을 비운 사이 도깨비가》 《딸기가 좋아》 《똑딱똑딱 시간 나라의 비밀》 들에 그림을 그렸습니다.

출동! 다이노맨 멸종 동물들을 구해 줘! ❷

기획 ㈜스튜디오 버튼 | 시나리오 장혜정 | 글 이윤진 | 그림 이혜영

초판 1쇄 펴낸날 2023년 8월 21일
편집장 한해숙 | 편집 이윤진, 신경아 | 디자인 최성수, 이이환 | 마케팅 박영준, 한지훈 | 홍보 정보영, 박소현 | 경영지원 김효순
펴낸이 조은희 | 펴낸곳 ㈜한솔수북 | 출판등록 제2013-000276호 | 주소 03996 서울시 마포구 월드컵로 96 영훈빌딩 5층
전화 02-2001-5822(편집), 02-2001-5828(영업) | 전송 02-2060-0108 | 전자우편 isoobook@eduhansol.co.kr
블로그 blog.naver.com/hsoobook | 인스타그램 soobook2 | 페이스북 soobook2
ISBN 979-11-92686-75-2 73490

어린이제품안전특별법에 의한 제품 표시
품명 도서 | 사용연령 만 5세 이상 | 제조국 대한민국 | 제조자명 ㈜한솔수북 | 제조년월 2023년 8월

ⓒ 2023 ㈜스튜디오 버튼, ㈜미미월드

※ 저작권법으로 보호받는 저작물이므로 저작권자의 서면 동의 없이
   다른 곳에 옮겨 싣거나 베껴 쓸 수 없으며 전산장치에 저장할 수 없습니다.
※ 값은 뒤표지에 있습니다.

큐알 코드를 찍어서
독자 참여 신청을 하시면
선물을 보내 드립니다.

한솔수북의 모든 책은
아이의 눈, 엄마의 마음으로 만듭니다.

다이노맨을
애니메이션으로
만나 보아요!

출동! 다이노맨 멸종 동물들을 구해 줘! ②

기획 ㈜스튜디오 버튼 ★ 시나리오 장혜정 ★ 글 이윤진 ★ 그림 이혜영

오후 햇볕이 뜨겁게 내리쬐고 있어요.
공룡 호수가 유난히 반짝이는 이곳은 공룡 친구들이 살아가는 다이노 월드입니다.

힘이 엄청 센 시간탐험대 대장, 다이노맨은 오늘도 열심히 운동을 하고 있어요.

아는 게 많은 최고의 똑똑이, 프테라맨은 부지런히 책을 읽고 있지요.

궁금한 게 정말 많은 궁금증 대장, 케라걸은 열심히 당근 텃밭을 가꾸고 있고,

구름 목걸이를 한 멋쟁이, 브론토맨은 음악을 들으며 그림을 그리고 있었지요.

그때 다이노 스테이션 뿔에서 빛이 깜빡이고 사이렌이 울리기 시작했어요.

시간탐험대 대원들은 서둘러 브리핑 룸으로 후다닥 달려갔어요.
그곳에는 천재 과학자 트루 박사님이 기다리고 있었지요.

트루 박사님이 화석을 꽂자마자 윙 소리가 났어요. 시간탐험대 대원들은 출동 준비를 시작했지요.

출동 준비를 끝낸 다이노맨은 버튼을 누르며 힘차게 외쳤어요.

시간탐험대는 타임머신 다이노 플래시를 타고 과거로 떠났지요.
위험에 빠진 멸종 동물이 있는 곳이라면 어디든지 출동해요.

이 책을 알차게 보는 방법

★ 멸종 동물들이 살았던 곳이 어디인지 한눈에 볼 수 있어요.

★ 각 장의 시작은 멸종 동물들의 서식지를 알려 주는 지도로 구성되어 있어요.

★ 애니메이션의 주요 장면을 생생하게 담았어요. 멸종 동물들을 구조하는 시간 탐험대의 활약을 볼 수 있어요.

★ 멸종 동물의 부위별 몸의 특징을 배워요.

★ 몸길이와 먹이, 서식지, 멸종 시기 등 멸종 동물과 관련된 정보를 담았어요.

★ 멸종 동물의 특징을 되새겨 보는 OX퀴즈가 있어요.

★ 유익한 OX퀴즈를 풀면서 재미있게 미로를 찾는 놀이 활동이 있어요.

시간 탐험을 떠나는 순서

다이노맨·프테라맨과 함께하는 시간 탐험

- 구출 작전 ①남아메리카 **글립토돈** ········· 16
- 구출 작전 ②북아메리카 **카메로케라스** ········· 18
- 구출 작전 ③뉴질랜드 **자이언트모아** ········· 20
- 구출 작전 ④남아메리카 **아르겐타비스** ········· 22
- 구출 작전 ⑤북아메리카 **디플로카울루스** ········· 24
- 구출 작전 ⑥독일 **아르카이옵테릭스** ········· 26
- 구출 작전 ⑦북아메리카 **다이어울프** ········· 28
- 구출 작전 ⑧멕시코 **여행비둘기** ········· 30
- 구출 작전 ⑨영국 **브론토스콜피오** ········· 32
- 구출 작전 ⑩중국 **기간토피테쿠스** ········· 34
- 구출 작전 ⑪중국 **양쯔강돌고래** ········· 36

다이노맨·브론토맨과 함께하는 시간 탐험

- 구출 작전 ①뉴질랜드 **웃는올빼미** ········· 40
- 구출 작전 ②아시아 **앤드류사쿠스** ········· 42
- 구출 작전 ③아프리카 **플라티벨로돈** ········· 44
- 구출 작전 ④마다가스카르섬 **에피오르니스** ········· 46
- 구출 작전 ⑤남아프리카 **콰가** ········· 48
- 구출 작전 ⑥페루 **바다늘보** ········· 50
- 구출 작전 ⑦북대서양 **메갈로돈** ········· 52
- 구출 작전 ⑧파키스탄 **파라케라테리움** ········· 54

다이노맨·케라걸과 함께하는 시간 탐험

- 구출 작전 ①유럽 **마스토돈사우루스** ········· 58
- 구출 작전 ②유럽 **메가네우라** ········· 60
- 구출 작전 ③북아메리카 **메가케롭스** ········· 62
- 구출 작전 ④남극 **자이언트펭귄** ········· 64
- 구출 작전 ⑤바베이도스 **바베이도스라쿤** ········· 66
- 구출 작전 ⑥이집트 **아르시노이테리움** ········· 68
- 구출 작전 ⑦콜롬비아 **티타노보아** ········· 70

다이노맨과 함께하는 OX 구출 작전 ········· 72

다이노맨·프테라맨과 함께하는 시간 탐험

구출 작전 ⑨ 영국
브론토스콜피오

구출 작전 ⑥ 독일
아르카이옵테릭스

구출 작전 ⑩ 중국
기간토피테쿠스

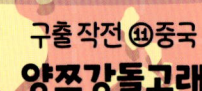
구출 작전 ⑪ 중국
양쯔강돌고래

멸종 동물들이 구조 신호를 보낸 곳을 지도에서 살펴본 뒤,
다이노맨·프레라맨과 함께 멸종 동물들을 구하러 떠나 보세요.

구출 작전 ⑤ 북아메리카
디플로카울루스

구출 작전 ⑦ 북아메리카
다이어울프

구출 작전 ② 북아메리카
카메로케라스

구출 작전 ⑧ 멕시코
여행비둘기

구출 작전 ④ 남아메리카
아르겐타비스

구출 작전 ③ 뉴질랜드
자이언트모아

구출 작전 ① 남아메리카
글립토돈

등딱지가 쓸모 있어서 멸종한
글립토돈

등을 보호하는 갑옷 같은 등딱지가 있어요.
작고 단단한 다각형 모양의 골판이 1000개쯤 덮여 있어요.
등딱지 안으로 머리와 발을 넣을 수 있어요.

머리 위에도 골판이 있어서, 머리를 보호해요.

꼬리는 짧고, 뾰족한 돌기가 있어요.

다리는 짧고 굵어요.
발가락에는 날카로운 발톱이 있어요.

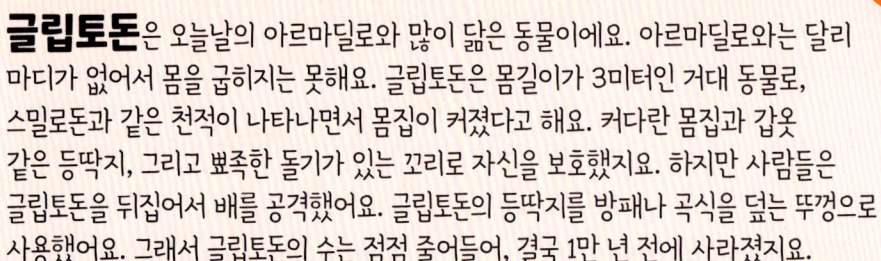

글립토돈은 오늘날의 아르마딜로와 많이 닮은 동물이에요. 아르마딜로와는 달리 마디가 없어서 몸을 굽히지는 못해요. 글립토돈은 몸길이가 3미터인 거대 동물로, 스밀로돈과 같은 천적이 나타나면서 몸집이 커졌다고 해요. 커다란 몸집과 갑옷 같은 등딱지, 그리고 뾰족한 돌기가 있는 꼬리로 자신을 보호했지요. 하지만 사람들은 글립토돈을 뒤집어서 배를 공격했어요. 글립토돈의 등딱지를 방패나 곡식을 덮는 뚜껑으로 사용했어요. 그래서 글립토돈의 수는 점점 줄어들어, 결국 1만 년 전에 사라졌지요.

- **몸길이** 3미터
- **먹이** 풀
- **서식지** 남아메리카
- **멸종 시기** 신생대 제4기

글립토돈 구출 작전

글립토돈의 등딱지 화석

1만 년 전, 남아메리카

다이노 윙

글립토돈은 밤나무 아래에서 풀을 먹고 있었어요. 그때 밤송이가 툭 떨어졌지요.

하지만 글립토돈은 밤송이가 등에 떨어진 줄도 몰랐어요. 등딱지가 갑옷처럼 단단했거든요.

그런데 그만 글립토돈이 밤송이를 밟았어요. 가시에 찔린 글립토돈은 소스라치게 놀랐지요.

그 바람에 글립토돈은 데굴데굴 구덩이에 굴러떨어져 뒤집힌 채로 다리만 바둥거렸어요.

다이노맨은 다이노 윙의 구조 바구니를 타고 구덩이로 내려가서 재빨리 글립토돈을 구조했어요.

프테라맨은 또 뒤집힐까 봐 걱정하는 글립토돈을 위해서 특별한 장치를 만들어 주기로 했지요.

프테라맨과 다이노맨은 글립토돈이 뒤집혀도 다시 일어날 수 있게, 글립토돈의 등딱지에 스프링을 여러 개 달아 주었어요.

글립토돈은 비로소 안심이 되었어요. 뒤로 벌렁 넘어져도 바로 튀어 올라 일어났지요.

껍데기가 너무 길어서 멸종한
카메로케라스

원뿔 모양의 거대한 껍데기를 지녔어요.
적이 오면 껍데기 속으로 안전하게 몸을 피했지요.

다리에 빨판 대신
홈이 파여 있어요.

카메로케라스의 주식은 삼엽충
카메로케라스는 삼엽충을 즐겨 먹었어요.
삼엽충은 고생대를 대표하는 생물로,
지네처럼 다리가 많고
머리에 헬멧을 쓴 것처럼 생겼지요.

다리 안쪽에
날카로운 부리가 있어요.

카메로케라스는 고생대 오르도비스기 때 바다에서 볼 수 있었던 두족류예요. 오징어처럼 생겼지만, 9미터나 되는 길고 딱딱한 원뿔 모양 껍데기를 쓰고 있어요. 카메로케라스는 거대한 껍데기를 끌면서 물을 가로지르며 움직였어요. 껍데기 안에 들어 있는 액체의 양을 조절하면서 균형을 잡았지요. 하지만 껍데기가 너무 길고 무거워서 빠르게 움직이지 못했고, 재빨리 방향을 바꾸기 어려웠어요. 천적이 별로 없었지만, 거대한 껍데기 때문에 움직이기가 힘들어서 멸종한 듯해요.

- 몸길이   9미터
- 먹이   삼엽충
- 서식지   북아메리카
- 멸종 시기   고생대 오르도비스기

뜨거운 돌을 삼켜서 멸종한
자이언트모아

이빨이 없어서 돌을 삼킨 뒤 배 속에서 식물을 으깨 소화시켰어요.

날개가 없어요. 자이언트모아 뼈에는 날개의 흔적조차 없지요.

다리 길이만 2미터 정도로, 아주 길어요.

자이언트모아의 커다란 알
길이가 18센티미터, 지름이 13센티미터로 알도 큼지막해요.
2010년에 발견된 자이언트모아의 알에서 수컷의 유전자가 나왔어요.
그래서 과학자들은 수컷이 알을 품었을 거라고 추측했어요.

자이언트모아는 뉴질랜드에서만 살았던 날지 못하는 새로, 지구에 존재했던 가장 큰 새예요. 자이언트모아는 다리 길이만 2미터, 몸무게가 250킬로그램쯤으로, 키도 크고 몸집도 컸지요. 그 덕분에 천적이 없어서 날지 않아도 되게 진화했어요. 자이언트모아는 뉴질랜드에 마오리족이 나타나면서 급속하게 수가 줄어들다가, 결국 멸종했어요. 마오리족은 자이언트모아의 깃털로 몸을 꾸미고, 고기를 먹고, 알껍데기를 그릇으로 사용하기 위해 마구잡이로 사냥을 했어요. 돌을 삼켜 식물을 소화시키는 자이언트모아의 습성을 이용해, 뜨거운 돌을 자이언트모아한테 먹였지요.

- 몸길이   3.5미터
- 먹이   나뭇가지, 잎
- 서식지   뉴질랜드
- 멸종 시기   신생대제4기

 # 자이언트모아 구출 작전

 자이언트모아의 뼈 화석
 700년 전, 뉴질랜드
 다이노 드릴

자이언트모아는 풀을 먹고는 돌 하나를 꿀꺽 넘겼어요. 질긴 잎을 소화시키려면 돌을 삼켜야 했거든요.

그런데 돌이 뜨거워서 자이언트모아의 얼굴이 시뻘겋게 달아올랐어요. 자이언트모아는 비명을 질렀지요.

다이노맨이 건넨 아이스크림 덕분에 자이언트모아의 얼굴이 원래대로 돌아왔어요.

다이노맨은 뜨거운 햇빛에 달궈진 돌들을 식혀 주려고 워터건으로 물을 발사했어요. 하지만 금세 물이 말라 버렸어요.

프테라맨은 바닥에 있는 아이스박스를 보고는 좋은 생각이 떠올랐지요. 곧장 프테라맨은 다이노 드릴로 땅을 뚫어 동굴을 만들었어요. 그런 뒤 다이노맨이 드라이아이스를 동굴 천장에 발사했지요.

프테라맨은 다이노 드릴로 돌들을 잔뜩 동굴에 밀어 넣었어요. 동굴 천장에서 차가운 김이 내려와 돌들이 어느새 시원해졌어요.

자이언트모아는 돌 하나를 꿀꺽 삼키고는 행복해했어요. 돌이 아이스크림처럼 시원했거든요.

바람이 안 불어서 멸종한
아르겐타비스

날개가 크고 넓어요.
날개를 쫙 펼쳤을 때 8미터쯤 되지요.

독수리처럼
머리와 목에 깃털이 없어요.

갈고리처럼
부리 끝이 날카로워요.

크고 힘센 발톱이 있어서
먹잇감을 잽싸게 낚아챘어요.

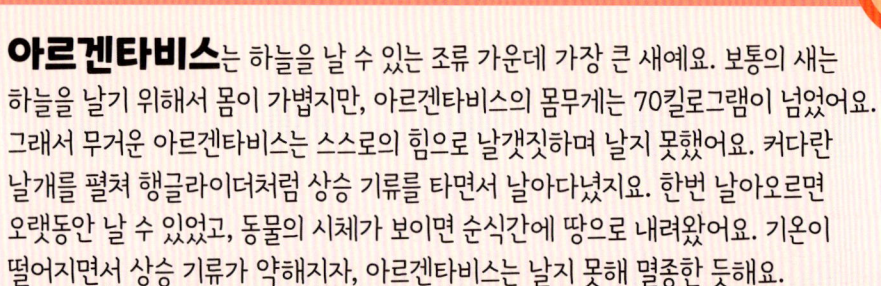

아르겐타비스는 하늘을 날 수 있는 조류 가운데 가장 큰 새예요. 보통의 새는 하늘을 날기 위해서 몸이 가볍지만, 아르겐타비스의 몸무게는 70킬로그램이 넘었어요. 그래서 무거운 아르겐타비스는 스스로의 힘으로 날갯짓하며 날지 못했어요. 커다란 날개를 펼쳐 행글라이더처럼 상승 기류를 타면서 날아다녔지요. 한번 날아오르면 오랫동안 날 수 있었고, 동물의 시체가 보이면 순식간에 땅으로 내려왔어요. 기온이 떨어지면서 상승 기류가 약해지자, 아르겐타비스는 날지 못해 멸종한 듯해요.

- 몸길이   3미터
- 먹이   동물의 시체
- 서식지   남아메리카
- 멸종 시기 신생대 신제3기

아르겐타비스 구출 작전

아르겐타비스의 깃털 화석

6백만 년 전, 남아메리카

다이노 윙

아르겐타비스는 발을 힘차게 구르며 가파른 내리막길에서 달렸어요. 그러고는 날개를 힘껏 퍼덕였지요.

몸이 붕 떠올랐다가 이내 뚝 떨어져 데굴데굴 굴렀어요. 그 바람에 날개를 다치고 말았지요.

다이노맨과 프테라맨은 구급상자를 열어 아르겐타비스의 날개를 치료해 주었지요.

몸이 너무 무거워서 바람 없이는 날지 못하는 아르겐타비스를 위해 다이노 윙도 불렀지요.

하지만 프테라맨은 아르겐타비스가 무거워서 다이노 윙의 속도를 못 내고 겨우겨우 조종했어요.

아르겐타비스가 속도를 올려 달라고 발버둥을 치는 바람에 더 이상 비행을 할 수도 없었지요.

프테라맨은 아르겐타비스가 날 수 있게 바람을 만들어 주기로 했어요.

프테라맨과 다이노맨은 커다란 선풍기 날개를 고정대에 세워, 선풍기를 완성했지요.

아르겐타비스는 거대한 선풍기 바람 덕분에 두둥실 떠올라 하늘을 날았어요. 그리고 바람이 잘 부는 곳으로 떠났지요.

머리가 부메랑처럼 생겨서 멸종한
디플로카울루스

어릴 때는 머리가 평범한 세모 모양이지만,
자라면서 점점 머리뼈 양 끝이 길어져
부메랑 모양이 되지요.
머리의 폭이 40센티미터쯤이에요.

다리가 짧고,
발가락 사이에 물갈퀴가 있어요.

유속이 빠른 곳에서 활동하기 좋게
머리와 몸이 납작해요.

디플로카울루스는 머리 모양이 부메랑처럼 생겼고, 짧은 다리가 있는 몸은 도롱뇽과 닮았지요. 디플로카울루스는 양서류지만, 다 자란 뒤에도 아가미가 남아서 오랫동안 잠수를 할 수 있었다고 해요. 태어났을 때는 올챙이와 비슷하다가, 점점 자라면서 머리뼈 좌우가 길게 튀어나와 머리 모양이 부메랑처럼 되지요. 머리 덕분에 물살을 가르며 헤엄을 잘 쳤고, 적의 공격도 잘 막아 냈지요. 하지만 장애물이 많은 하천 바닥에서 부메랑 머리가 걸림돌이 되어 멸종한 듯해요.

- 몸길이　　1미터
- 먹이　　　갑각류, 곤충
- 서식지　　북아메리카
- 멸종 시기　고생대 페름기

 # 디플로카울루스 구출 작전

 디플로카울루스 화석 2억 8천만 년 전, 북아메리카  다이노 마린

디플로카울루스는 헤엄을 치다가 부메랑 모양의 머리 때문에 지나가던 작은 물고기들이랑 자꾸 부딪쳤어요.

그래서 아무도 없는 바위 사이에 숨어 버렸어요. 그러다가 그만 바위틈에 머리가 걸려서 옴짝달싹 못 하게 되었지요.

다이노맨은 바위를 번쩍 들어 올렸어요. 그 덕분에 디플로카울루스는 바위틈에서 빠져나왔지요.

하지만 디플로카울루스는 부메랑처럼 생긴 머리 때문에 또 위험해질까 봐 걱정이 되었어요.

프테라맨은 디플로카울루스에게 꼭 맞는 전용 헬멧을 만들어 주기로 했어요.

드디어 헬멧 완성! 프테라맨은 뚝딱 만든 헬멧을 디플로카울루스한테 주었지요.

헬멧을 쓴 디플로카울루스는 신나게 헤엄을 쳤지요. 위험을 알려 주는 헬멧 덕분에 물속을 안전하게 다닐 수 있게 되었어요.

잘 날지 못해서 멸종한
아르카이옵테릭스

양 날개 끝부분에 갈고리처럼 생긴 발가락이 3개씩 있어요.

머리는 작고, 눈은 커요.

날카로운 이빨이 빽빽하게 있어요.

기다란 꼬리에는 뼈가 있어요. 꼬리뼈를 중심으로 깃털이 좌우로 있어요.

아르카이옵테릭스는 '시조새'라고도 불리는 원시 새로, 1861년 독일의 쥐라기 지층에서 처음 화석이 발견되었어요. 아르카이옵테릭스는 일반적인 새처럼 날개와 깃털이 있지만, 파충류처럼 날카로운 이빨과 꼬리뼈도 있어요. 그래서 파충류에서 조류로 진화한 중간 단계라고 생각해 왔어요. 하지만 학자들 사이에서는 의견이 분분해요. 잘 날지 못했던 아르카이옵테릭스는 기후와 환경에 맞게 진화한 새로운 조류들이 나타나면서 보금자리와 먹이를 빼앗겨 멸종한 듯해요.

- **몸길이** 50센티미터
- **먹이** 곤충
- **서식지** 독일
- **멸종 시기** 중생대 쥐라기

 ## 아르카이옵테릭스 구출 작전

 아르카이옵테릭스의 날개 화석   1억 5천만 년 전, 독일    다이노 윙

엄마 아르카이옵테릭스는 아기한테 달리는 법을 가르쳤어요. 날개가 무거워서 날 수가 없었거든요.

하지만 아기 아르카이옵테릭스는 날고 싶다고 울며 떼를 부렸지요. 엄마 아르카이옵테릭스는 난감했어요.

프테라맨은 날고 싶어 하는 아기 아르카이옵테릭스를 위해 다이노 윙을 태워 주었어요.

아기 아르카이옵테릭스는 울음을 그쳤지요. 하늘 높이 올라가자 기분이 더 좋아졌어요.

그런데 갑자기 하늘이 어두워졌어요. 번쩍 번개가 치더니 돌풍까지 불어서 구조 바구니가 마구 흔들렸어요.

결국 바구니는 뒤집히고 말았지요. 프테라맨은 서둘러 다이노맨한테 윙슈트 가방을 발사했어요.

윙슈트를 입은 다이노맨은 바람을 타고 날아서 아르카이옵테릭스들한테 활공하는 법을 알려 주었지요.

무서워하던 아기 아르카이옵테릭스도 용기를 내어 날개를 펼쳤어요. 그래서 모두 무사히 땅으로 내려왔어요.

그 뒤로 아르카이옵테릭스들은 높은 언덕에서 점프한 뒤, 날개를 펼쳐 바람을 타면서 날아다녔지요.

앞뒤 안 가리고 사냥하다가 멸종한
다이어울프

머리가 크지만, 뇌는 작아요.

근육이 많아 몸집이 커요. 몸무게가 68킬로그램쯤이에요.

턱이 강하고 이빨이 발달해서 먹잇감을 뼈째 으스러뜨려 먹을 수 있어요. 위턱의 뾰족한 송곳니로는 고기를 찢었지요.

다리가 가늘어요.

다이어울프는 '무시무시한 개'로 불리는 사나운 갯과 동물로, 무는 힘과 씹는 힘이 아주 강했지요. 무리 지어 다니면서, 매머드 같은 거대한 동물들을 손쉽게 사냥했어요. 커다란 머리뼈에 비해 뇌는 작아서 머리가 그닥 좋지 않았어요. 게다가 경계심도 없어서 타르에 빠진 먹잇감도 보이기만 하면 다짜고짜 덤벼들었다고 해요. 그래서 캘리포니아주의 타르 웅덩이에서 발견된 다이어울프의 머리뼈가 400여 점이 넘어요. 다이어울프의 멸종 까닭은 아직도 수수께끼로 남아 있어요. 하지만 춥고 건조한 빙하기에 대형 초식 동물이 사라지자, 먹잇감이 부족해져서 멸종했을 가능성이 크지요.

- **몸길이**   1.5~2미터
- **먹이**   대형 초식 동물
- **서식지**   북아메리카
- **멸종 시기** 신생대 제4기

다이어울프 구출 작전

다이어울프의 이빨 화석

1만 년 전, 북아메리카

다이노 스노우

산 정상에 오른 다이어울프는 어질어질했어요. 산꼭대기에서 아래를 내려다보니 까마득했지요.

바위 뒤에서 벌벌 떨던 다이어울프는 다이노맨의 손을 잡고 한 걸음 내딛고는 미끄러져 굴러떨어졌어요.

다이노맨은 다이어울프가 미끄러진 방향 앞에 버티고 서서 재빨리 다이어울프를 구해 냈어요.

프테라맨과 다이노맨은 다이어울프를 집에 데려다주려고 다이노 스노우에 태웠어요.

우당탕, 갑자기 요란한 소리가 나더니 커다란 눈덩이가 굴러왔어요. 프테라맨은 요리조리 싹싹 잘 피했지요.

하지만 커다란 나무가 쓰러지는 바람에 깜짝 놀라 급하게 다이노 스노우를 멈춰 세웠어요.

길을 가로막은 나무 때문에 꼼짝 못 하게 되자, 다이어울프가 자신 있게 나섰지요.

다이어울프는 강하고 날카로운 이빨로 나무 가운데를 모조리 갉아 냈어요. 그 덕분에 길이 뻥 뚫렸지요.

무사히 다이어울프의 집에 도착했어요. 높지도 않고 춥지도 않아서 살기 딱 좋은 곳이었지요.

개체 수가 너무 많아서 멸종한
여행비둘기

머리의 빛깔은 푸른빛을 띤 회색이에요.

날개에는 거뭇한 반점이 있어요.

장거리를 날아다니기에 적합하게 가슴 근육이 발달했어요.

꽁지가 길고 끝이 날카로워요.

여행비둘기는 지구에 살았던 새 가운데 가장 개체 수가 많았던 철새예요. 북아메리카 동부 오대호 일대에서 여름을 보내고, 날씨가 추워지면 멕시코로 내려가 겨울을 났지요. 30~50억 마리에 달하는 여행비둘기가 떼를 지어 날아다녀서, 하늘을 온통 새까맣게 뒤덮었다고 해요. 맛있는 고기와 쓸모 있는 깃털을 얻으려고 사람들은 하루에도 수십만 마리의 여행비둘기를 무자비하게 사냥했어요. 개체 수가 워낙 많아서 아무도 여행비둘기를 보호해야 한다고 생각하지 않았어요. 결국 1914년에 동물원에 남은 마사의 죽음으로 여행비둘기는 완전히 사라졌지요.

- 몸길이　40센티미터
- 먹이　　풀, 농작물
- 서식지　멕시코
- 멸종 시기　1914년

# 여행비둘기 구출 작전

 여행비둘기의 깃털 화석    120년 전, 멕시코    다이노 윙

여행비둘기 도비는 무지개에 한눈팔다가 친구들의 무리에서 떨어지게 되었어요.

게다가 갑자기 돌풍이 불어서 중심을 잃고 땅으로 떨어졌지요.

다이노맨과 프테라맨은 도비와 함께 여행비둘기 무리를 찾아 나섰어요.

하늘에 먹구름이 끼고, 천둥번개가 쳤어요. 우르르 쾅, 다이노 윙의 날개에 벼락이 떨어졌어요.

날개에서 시커먼 연기가 피어올랐어요. 한쪽으로 기울어진 다이노 윙은 추락할 위기에 처했지요.

프테라맨은 가까운 섬에 겨우 비상 착륙을 시도했어요. 그 덕분에 모두 무사했어요.

그때 멀리서 여행비둘기들이 보였어요. 도비의 친구들이었지요.

여행비둘기들은 다시 만나게 도와준 다이노맨과 프테라맨한테 고마워했어요.

도비와 친구들은 힘차게 날갯짓하며 다시 여행을 떠났지요.

대형 물고기가 나타나서 멸종한
브론토스콜피오

꼬리 끝에는 7센티미터쯤 되는 독침이 있어요.

온몸이 단단한 껍질로 덮여 있어요.

겹눈으로 시력이 좋아요. 먹이의 위치를 파악했어요.

10센티미터가 넘는 커다란 집게발이 있어요. 먹잇감을 잘게 쪼갤 때 써요.

브론토스콜피오는 무서운 거대 전갈로, 이름의 뜻은 '천둥 전갈'이에요. 10센티미터가 넘는 집게발 화석만 발견되어서, 브론토스콜피오에 대한 정보는 거의 없어요. 집게발 크기로 보아, 몸길이가 1미터에 달한다고 추정하고 있어요. 지금의 전갈보다 5배나 커서 독침도 더욱 강력했을 가능성이 크지요. 또한 몸집이 커서 몸무게를 받쳐 줄 수 있는 물속에서 생활했을 거라고 추측하고 있어요. 하지만 탈피할 때는 육지로 올라왔다가 새로운 껍질이 단단해지면 바다로 되돌아갔다고 해요. 브론토스콜피오는 데본기 초기에 커다란 물고기들이 바다를 지배하게 되면서 멸종한 듯해요.

- 몸길이 1미터
- 먹이 벌레, 물고기
- 서식지 영국
- 멸종 시기 고생대 데본기

몸이 너무 거대해서 멸종한
기간토피테쿠스

기간토피테쿠스의 턱뼈와 이빨 화석
턱뼈와 이빨 화석을 분석한 결과, 기간토피테쿠스의 키는 3미터쯤이고, 몸무게는 270킬로그램으로 추정하고 있어요. 고릴라의 1.5배쯤 되지요.

기간토피테쿠스는 거대 유인원이에요. 아래턱뼈와 이빨 화석만 발견되어서, 기간토피테쿠스의 실제 크기나 생김새는 정확하게 알 수 없어요. 기간토피테쿠스가 네 발로 디디며 다녔다고 알려져 있지만, 그것조차 정확하진 않아요. 턱뼈와 이빨이 닮은 형태를 연구한 결과 오랑우탄과 비슷하게 생겼고, 과일과 식물을 즐겨 먹었을 거라고 추정하고 있어요. 지구의 온도가 낮아지면서 숲이 줄어들자, 기간토피테쿠스는 거대한 몸집을 유지할 만큼의 먹이를 구하지 못해서 멸종했다고 해요.

- 몸길이 3미터
- 먹이 씨앗, 과일, 대나무
- 서식지 중국
- 멸종 시기 신생대제4기

 # 기간토피테쿠스 구출 작전

 기간토피테쿠스의 발자국 화석 10만 년 전, 중국  다이노 드릴

늦잠을 잔 기간토피테쿠스는 기지개를 켜며 일어났어요. 그때 집배원 새가 친구가 보낸 편지를 물고 왔지요.

기간토피테쿠스는 친구의 편지를 읽고 화들짝 놀랐어요. 놀이터를 새로 만들기로 한 걸 깜빡했거든요.

기간토피테쿠스는 당장 놀이터를 만들어야 하는데, 어떻게 해야 할지 몰라 우왕좌왕했지요.

다이노맨과 프테라맨은 허둥대다가 위험에 처한 기간토피테쿠스를 발견했어요. 다이노맨은 대나무를 멈춰 세웠지요.

그리고 프테라맨이 그려 놓은 설계도대로 놀이터를 함께 만들기로 했어요.

프테라맨은 다이노 드릴로 커다란 바위를 깎아서 튼튼한 미끄럼틀을 만들었어요.

다이노맨과 기간토피테쿠스는 대나무로 시소를 만든 뒤, 덩굴을 가져와서 그네까지 완성했어요.

친구가 오기 전, 놀이터가 안전한지 먼저 타 보기로 했어요. 다이노맨은 미끄럼틀을, 기간토피테쿠스와 프테라맨은 시소를 신나게 탔지요.

양쯔강이 오염되어 멸종한
양쯔강돌고래

눈은 작고 퇴화되어 잘 안 보여요. 물체나 먹이의 위치나 크기를 초음파로 확인했어요.

가슴지느러미의 뼈는 사람의 손과 비슷하게 생겼어요.

부리가 가늘고 길어요.

양쯔강돌고래는 아시아에서 가장 긴 강인 양쯔강에서만 살았던 돌고래예요. 돌고래는 대부분 바다에서 살지만, 양쯔강돌고래는 강에서 살았지요. 중국 사람들은 양쯔강돌고래를 익사한 공주들이 환생했다고 여겨, '양쯔강의 여신'이라고 부르며 신처럼 숭배했어요. 하지만 식량과 가죽을 얻기 위해 양쯔강돌고래를 사냥하기 시작했어요. 게다가 중국이 산업화되면서 수질 오염이 심각해졌고, 최악의 폭염까지 기승을 부려서 양쯔강돌고래의 개체 수가 빠르게 감소했지요. 이렇듯 자연환경의 파괴와 남획, 그리고 기후 변화로 양쯔강돌고래는 결국 멸종했어요.

- **몸길이**   2.5미터
- **먹이**   물고기, 새우
- **서식지**   중국 양쯔강
- **멸종 시기**   신생대 제4기

 양쯔강돌고래 구출 작전

 양쯔강돌고래의 꼬리지느러미 화석    30년 전, 중국    다이노 마린

양쯔강돌고래가 신나게 헤엄을 치고 있었어요. 그런데 갑자기 나무들이 쓰러져 강에 빠지고, 강둑이 무너져 흙도 후드득 떨어졌어요.

양쯔강돌고래는 요리조리 나무들을 피했지만, 통나무와 흙더미에 갇혀 옴짝달싹 못 하게 되었어요.

다이노맨이 물대포를 발사해서 통나무들을 한쪽으로 치우자, 프테라맨은 다이노 플래시로 통나무들을 육지로 끌어 올렸어요. 강이 다시 깨끗해졌지요.

그런데 그때 쿵쿵, 또다시 땅과 강이 흔들리고, 물살이 거세졌지요.

양쯔강돌고래는 급류에 떠내려갔어요. 물의 소용돌이에 휘말리는 찰나, 다이노맨이 물속으로 뛰어들어 가까스로 양쯔강돌고래의 꼬리지느러미를 붙잡았지요.

무사히 강가로 돌아온 양쯔강돌고래는 프테라맨이 만든 튼튼한 울타리를 보고 기뻐했어요. 지진이 다시 일어나도 나무가 강에 빠지지 않을 테니까요.

다이노맨·브론토맨과 함께하는 시간 탐험

구출 작전 ②아시아
앤드류사쿠스

구출 작전 ⑧파키스탄
파라케라테리움

구출 작전 ③아프리카
플라티벨로돈

구출 작전 ⑤남아프리카
콰가

구출 작전 ④마다가스카르섬
에피오르니스

멸종 동물들이 구조 신호를 보낸 곳을 지도에서 살펴본 뒤,
다이노맨·브론토맨과 함께 멸종 동물들을 구하러 떠나 보세요.

구출 작전 ⑦ 북대서양
메갈로돈

구출 작전 ⑥ 페루
바다늘보

구출 작전 ① 뉴질랜드
웃는올빼미

족제비의 습격을 받아서 멸종한
웃는올빼미

눈 주위는 동그랗고, 눈알은 짙은 오렌지색을 띠어요.

날개의 길이는 26센티미터쯤으로, 비교적 짧아서 비행 능력이 떨어져요.

몸은 누런빛을 띤 갈색과 고동색이 얼룩덜룩 섞여 있어요.

다리가 길어요.

웃는올빼미는 뉴질랜드에서만 살았던 올빼미로, 높은 소리로 웃는 것 같은 독특한 울음소리를 냈어요. 웃는올빼미는 초식성 쥐인 '키오레'를 먹으며 평화롭게 살았어요. 그런데 유럽 이주민들이 들어오면서 토끼를 데리고 왔어요. 번식 속도가 빠른 토끼들은 엄청나게 불어났고, 초원의 풀도 모자라 농작물까지 먹어 치웠지요. 사람들은 토끼들을 없애기 위해서 족제비들을 풀어놓았어요. 하지만 족제비들은 토끼뿐만 아니라 웃는올빼미까지 잡아먹었지요. 1914년 이후로 웃는올빼미의 울음소리는 더 이상 들을 수가 없었어요.

- **몸길이**   40센티미터
- **먹이**   쥐, 새
- **서식지**   뉴질랜드
- **멸종 시기**   1914년

웃는올빼미 구출 작전

웃는올빼미의 깃털

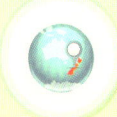
100여 년 전, 뉴질랜드

다이노 윙

길을 가던 족제비는 웃는올빼미들의 웃는 소리에 화가 잔뜩 났어요.

족제비가 으르렁거리며 다가오자, 웃는올빼미들은 겁에 질렸지요.

다이노맨은 다이노 플래시의 입을 벌려 웃는올빼미들을 구조했어요.

브론토맨은 웃는 소리 때문에 위험에 처한 웃는올빼미들한테 안전한 집을 만들어 주기로 했어요.

다이노맨은 당장 다이노 윙을 불렀어요. 구조 바구니에 브론토맨과 웃는올빼미들을 태웠지요.

나무에 도착한 브론토맨은 나무의 큰 구멍을 이리저리 꼼꼼하게 살펴보았어요.

그러고는 큰 나무 구멍 안에 커다랗고 두꺼운 나뭇잎을 붙여 방음실을 완성했지요.

이제는 마음껏 웃어도, 소리 높여 큰 소리로 노래를 불러도 괜찮았어요. 밖에서 전혀 들리지 않았거든요.

히말라야산맥이 생겨서 멸종한
앤드류사쿠스

멀리서도 죽은 동물의 냄새를 맡을 수 있을 만큼 후각이 발달했어요.

머리도 크고 몸집도 커서 행동이 둔했어요.

큼직한 이빨이 많았지만, 치명적인 상처를 입힐 만큼 날카롭지는 않아요. 죽은 동물의 살점을 뜯고 씹기에 적당해요.

소처럼 발굽이 있을 거라고 추정하고 있어요.

앤드류사쿠스의 화석이 머리뼈만 발견되어서, 정보가 그다지 많지 않아요. 머리뼈 길이가 거의 1미터에 가깝고, 큼직한 이빨과 튼튼한 턱이 있어서 늑대를 닮은 커다란 육식 포유동물일 거라고 추정했어요. 하지만 소와 양에 더 가깝고, 따뜻한 물가에서 조개나 동물의 시체 등을 먹으며 살았을 거라는 연구 결과가 나왔지요. 인도반도와 유라시아 대륙이 충돌하면서 히말라야산맥이 생기고, 급격하게 기온이 떨어졌어요. 그래서 앤드류사쿠스는 멸종할 수밖에 없었지요.

- 몸길이　4~6미터
- 먹이　　조개, 동물의 사체
- 서식지　아시아
- 멸종 시기　신생대 고제3기

 # 앤드류사쿠스 구출 작전

 앤드류사쿠스의 턱뼈 화석　　 4천5백만 년 전, 아시아　　다이노 윙

앤드류사쿠스는 바닷가에서 가장 좋아하는 조개를 신나게 먹고 있었어요.

그런데 갑자기 땅이 들썩들썩 요동치더니, 하늘로 치솟았어요. 게다가 세찬 바람도 몰아쳤지요.

앤드류사쿠스는 추워서 덜덜 떨었어요. 다이노맨과 브론토맨은 담요와 난로로 앤드류사쿠스의 몸을 녹여 주었어요.

그리고 배고파하는 앤드류사쿠스를 위해서 따뜻하고 먹이가 많은 곳을 찾아 나섰어요.

협곡 사이를 지날 때였어요. 비바람이 몰아쳐서 구조 바구니가 심하게 흔들렸어요.

구조 바구니가 절벽에 부딪치자, 다이노맨은 손바닥으로 힘껏 절벽을 밀어냈어요. 그 덕분에 모두 무사했지요.

하지만 숨 돌릴 틈도 없이 커다란 돌 파편이 여기저기에서 날아왔어요. 브론토맨은 요리조리 싹싹 돌 파편을 피해 다이노 윙을 조종했어요.

협곡을 빠져나오자, 노을이 아름다운 해변이 보였어요. 그곳은 따뜻하고, 조개도 엄청 많았지요.

아래턱이 길고 무거워서 멸종한
플라티벨로돈

위턱에는 아래쪽으로 휘어진 짧고 날카로운 엄니가 있어요.

서 있을 때도 땅에 닿을 만큼 아래턱이 길게 뻗어 있어요.

아래턱 끝에 널빤지처럼 납작하고 큼지막한 엄니가 두 개 있어요.

플라티벨로돈은 아래턱이 삽처럼 납작하고 길게 앞으로 뻗어 있어서 '주걱 코끼리'라고도 불러요. 이름의 뜻은 '납작한 창 이빨'이지요. 아래턱의 엄니로 나무뿌리를 파내거나 나무껍질을 벗기고, 위턱의 엄니로는 자신을 위협하는 적을 공격했다고 해요. 오늘날의 코끼리보다 몸집은 작았지만, 머리뼈의 길이가 1.8미터쯤으로 머리가 컸지요. 멸종 원인은 정확하게 밝혀지지 않았지만, 아래턱이 무거워서 먹는 것조차도 힘들어서 멸종했을 거라고 추정하고 있어요.

- 몸길이 3미터
- 먹이   풀, 나무껍질
- 서식지 아프리카
- 멸종 시기 신생대 신제3기

 # 플라티벨로돈 구출 작전

 플라티벨로돈의 턱뼈 화석   6백만 년 전, 아프리카    다이노 드릴

플라티벨로돈은 끙끙대며 땅속에서 겨우 나무뿌리를 찾아냈지만, 먹지도 못하고 쓰러지고 말았어요.

다이노맨은 턱이 무거워서 지친 플라티벨로돈을 위해 다이노 드릴로 나무뿌리를 구해 왔어요.

하지만 플라티벨로돈은 나무뿌리를 씹을 힘도 없었지요. 브론토맨은 믹서기로 나무뿌리 주스를 만들었어요.

다행히 주스를 마신 플라티벨로돈은 기운을 되찾았어요.

하지만 표정이 다시 어두워졌어요. 늘 먹는 게 힘들었거든요.

브론토맨은 플라티벨로돈을 위해 거대한 믹서기를 만들기로 했어요.

다이노맨이 커다란 바위를 반으로 가르자, 브론토맨은 바위에 구멍을 내고는 손잡이를 달아 거대한 믹서기를 완성했지요.

플라티벨로돈은 배고플 때마다 거대한 믹서기로 나무뿌리 주스를 만들 수 있어서 기뻤어요.

사람들이 알을 훔쳐 가서 멸종한
에피오르니스

몸무게가 300~500킬로그램쯤으로 몸집이 거대해요.

날개가 퇴화되어 날지 못해요.

다리가 굵고 튼튼해서 커다란 몸을 받쳐 주지요.

에피오르니스의 거대한 알
에피오르니스의 알 크기는 달걀의 200배에 달해요. 9리터의 물이 들어갈 정도로 크지요.

달걀 / 타조 / 에피오르니스

에피오르니스는 마다가스카르섬에서만 살았던 날지 못하는 거대 새로, 천적이 거의 없는 환경에서 살아서 날개가 퇴화되었어요. 다리는 코끼리처럼 굵고, 키가 3미터가 넘어서, '코끼리새'라고도 불렀지요. 에피오르니스는 달걀보다 200배나 되는 커다란 알을 낳았어요. 그래서 알을 품지 못하고, 햇볕으로 부화시켰다고 해요. 마다가스카르섬에 사람들이 살기 시작하면서, 에피오르니스는 살 곳을 잃었어요. 사람들이 마구잡이로 사냥을 했고, 알까지 빼앗는 바람에 결국 멸종했지요.

- 몸길이　3미터
- 먹이　나뭇잎, 나무 열매
- 서식지　마다가스카르섬
- 멸종 시기　신생대제4기

 # 에피오르니스 구출 작전

 에피오르니스의 알 화석　 5백만 년 전, 마다가스카르섬　 다이노 윙

에피오르니스는 알이 너무 커서 품지 못하고, 따뜻한 햇볕에 부화를 시키고 있었어요.

"어? 내 알? 도와줘요."

그런데 너무 목이 말라서 잠깐 물 마시러 다녀온 사이에 알이 온데간데없이 사라져 버렸어요.

"여기 모래가 패어 있어."

브론토맨과 다이노맨은 알이 남긴 흔적을 찾아냈지요. 알은 아주 멀리까지 굴러갔어요.

다이노맨은 다이노 윙을 타고 알의 흔적을 쭉 따라갔어요.

다이노 윙이 숲속 나무에 부딪쳐 급히 착륙했는데, 그곳에 알이 있었어요.

에피오르니스는 알을 다시 만나자마자 눈물을 흘리며 기뻐했어요.

하지만 눈에 잘 띄는 커다란 알을 모래밭에 두어야 해서 걱정이 이만저만이 아니었지요.

브론토맨은 붓과 팔레트를 꺼내 알에 어두운색으로 색칠을 했어요. 알이 어느새 진짜 바위처럼 보였지요.

게다가 알 양옆에 놓아둔 진짜 바위 덕분에 더 감쪽같았어요. 에피오르니스는 그제야 안심이 되었지요.

줄무늬가 사라져서 멸종한
콰가

몸은 노란빛을 띤 갈색이고, 배 쪽과 다리, 그리고 꼬리는 하얀색이에요.

머리 쪽은 얼룩말, 꼬리 쪽은 말과 비슷해요. 머리와 목, 몸의 앞부분에만 줄무늬가 있어요.

귀는 작아요.

발굽이 커요.

콰가는 '콰아콰아' 하고 운다고 해서 붙여진 이름이에요. 얼룩말과 비슷하게 생겼지만, 몸 전체가 아닌 머리와 목, 몸의 앞부분에만 줄무늬가 있지요. 줄무늬를 싫어하는 체체파리를 피해 서늘한 곳으로 이주하면서 줄무늬가 사라졌다는 설이 있어요. 콰가는 온순하고 느긋한 성격 때문에 사람에 대한 경계심이 없었어요. 사람들은 고기도 먹고, 가죽으로 구두와 가방을 만들려고 콰가를 마구 사냥했지요. 1883년 암스테르담의 동물원에서 마지막 콰가가 죽으면서 멸종했어요.

- 몸길이   1.4미터
- 먹이   풀
- 서식지   남아프리카
- 멸종 시기 1883년

콰가 구출 작전

콰가의 뼈 화석

2백여 년 전, 남아프리카

다이노 윙

체체파리들이 콰가 엉덩이에 붙어 콰가를 귀찮게 했어요.

다이노맨과 브론토맨은 재빨리 뛰어가 체체파리들을 쫓아 버렸어요.

그러고는 풀도 많고, 체체파리도 없는 곳으로 데려다주었지요.

하지만 체체파리들이 어느 틈에 다시 나타나서, 콰가한테 달려들었어요. 콰가는 소스라치게 놀랐지요.

다이노맨과 브론토맨은 콰가를 둘러싼 뒤, 크게 팔을 휘저어 체체파리들을 몰아냈어요.

그런 뒤 브론토맨은 체체파리들이 다시 몰려오지 않게, 콰가의 엉덩이에 줄무늬를 그려 주었지요.

더 이상 체체파리들이 콰가를 귀찮게 못했어요. 줄무늬가 너무 어지러워서 체체파리들이 멀리 달아났거든요.

차가워진 바다 때문에 멸종한
바다늘보

주둥이가 길쭉해서
해초를 뜯어 먹기에 적합해요.

물속에서 헤엄치기에 알맞게
앞다리가 길어요.

앞발과 뒷발에 물갈퀴가 아닌
갈고리 모양의 발톱이 있어요.

바다늘보는 기후가 건조해져 서식지가 사막이 되자, 근처 바다에서 해초를 먹으며 살았어요. 앞발에 달린 발톱으로 해초를 긁어 먹었고, 헤엄치기에 알맞게 앞다리 길이가 점차 길어졌지요. 바다늘보는 암초에 부딪쳐 상처가 나기도 하고, 향유고래와 상어의 위협도 받았어요. 하지만 온도가 급격하게 낮아져 멸종했어요. 따뜻한 해안에 살았던 바다늘보는 지방층이 두껍지 않아서 차가워진 바다에서 체온을 유지하기가 힘들었어요. 게다가 해초의 양이 줄어들어 먹이도 부족해졌지요.

- **몸길이**   2미터
- **먹이**   물고기
- **서식지**   페루, 칠레
- **멸종 시기**   신생대 신제3기

 ## 바다늘보 구출 작전

바다늘보의 발톱 화석

250만 년 전, 페루

다이노 윙

바다늘보는 배가 고팠어요. 때마침 해초가 해안가로 밀려왔어요. 손을 뻗어 보았지만 잡을 수가 없었지요.

바다늘보는 바다에 뛰어들었어요. 그런데 바닷물이 너무 차가워서 몸이 꽁꽁 얼어붙는 것 같았지요.

다이노 윙을 탄 다이노맨과 브론토맨은 큰 파도가 덮치기 직전에 바다늘보를 구출했지요.

그리고 바다늘보에게 차가운 바다에 들어가기 전에 꼭 필요한 준비 운동도 알려 주었지요.

바다늘보는 힘들어서 포기하고 싶었지만, 해초를 꼭 먹겠다는 생각으로 땀이 날 때까지 열심히 준비 운동을 했지요.

그러고는 다 함께 해초를 따러 바다에 들어갔지요. 나란히 서서 공처럼 뭉친 해초를 구조 보트에 담았어요. 심해로 떨어질 뻔한 커다란 해초도 실어 해안가로 돌아왔지요.

바다늘보는 맛있는 해초를 먹어서 행복해했고, 다이노맨과 브론토맨은 오늘도 멋지게 사건을 해결해서 즐거워했지요.

바닷물의 온도가 낮아져 멸종한
메갈로돈

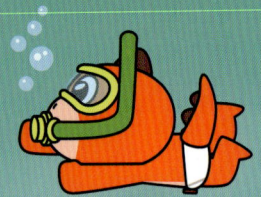

꼬리지느러미의 크기가 커서 앞쪽으로 힘차게 헤엄쳐 나갔어요.

이빨의 개수가 290개가 넘지요. 이빨은 삼각형 모양으로 크고 단단해요. 가장자리에 톱날이 있어요.

턱은 짧고 강해요. 턱을 벌릴 때 아래턱과 위턱이 함께 움직여요.

엄청 커다란 메갈로돈 이빨 화석
메갈로돈의 이빨의 크기는 18센티미터쯤으로 이빨 하나가 어른 양손 손바닥을 펼친 만큼 크지요.

메갈로돈은 '거대한 이빨'이라는 이름만큼 이빨의 개수도 많고, 이빨로 무는 힘도 티라노사우루스보다 강했다고 해요. 메갈로돈의 몸은 대부분 연골이라서, 화석으로 발견된 것은 거의 모두 이빨이지요. 이빨 화석으로 메갈로돈의 전체 크기를 추정했지만, 사실 정확한 크기는 아니에요. 따뜻한 바다에서 살았던 메갈로돈은 기후 변화로 바다가 차가워져서 멸종했어요. 즐겨 잡아먹었던 고래들이 차가운 바다로 이동하는 바람에 먹이가 줄고, 경쟁자인 백상아리한테도 밀리게 된 듯해요.

- 몸길이   15미터
- 먹이   물고기, 고래
- 서식지   북대서양
- 멸종 시기 신생대 신제3기

메갈로돈 구출 작전

메갈로돈의 이빨 화석

260만 년 전, 북대서양

다이노 마린

메갈로돈이 빠르게 바다를 헤엄치다가 거대한 빙산에 머리를 쾅 부딪쳤어요.

"얼음에 갇혔어. 도와줘요!"

서둘러 수면 위로 올라갔지만, 두꺼운 얼음층에 갇혀 버렸어요.

다이노맨은 얼음 구멍으로 얼굴을 쏙 넣고는 이리저리 살펴보았지요.

메갈로돈을 찾아낸 다이노맨은 다이노 드릴로 얼음 구멍을 뚫었어요. 얼음이 갈라지자 메갈로돈이 솟아올랐어요.

다이노맨은 덜덜 떨고 있는 메갈로돈을 원래 살던 따뜻한 바다로 데려다주기로 했어요.

신이 난 메갈로돈은 빙빙 돌며 가다가 그만 머리를 쿵 박았어요. 빙산에 가로막혀 더 이상 갈 수가 없었지요.

"내가 길을 만들어 볼게!"

다이노맨은 파워 펀치를 날려 빙산에 터널을 뚫었어요.

다 함께 얼음 터널을 지나, 다시 따뜻한 바다를 향해 출발했어요.

드디어 따뜻한 바다에 도착한 메갈로돈은 빙글빙글 돌며 즐거워했어요.

나뭇잎이 모자라 멸종한
파라케라테리움

거대한 몸에 비해 머리는 작은 편이에요.
코뿔소와 달리 머리에 뿔이 없어요.

목 길이가 2미터쯤으로 매우 길어요.
목을 쭉 뻗어 높은 곳의 나뭇잎을 먹었어요.

다리는 가늘고 길지만, 단단하고 강해요.
그래서 빨리 달릴 수 있어요.

파라케라테리움은 신생대에 살았던 거대 포유동물로, 코뿔소의 일종이에요. 하지만 코뿔소와 달리 뿔이 없지요. 파라케라테리움은 몸무게가 20톤쯤으로, 아프리카코끼리 4마리의 몸무게를 합친 것과 비슷해요. 압도적으로 커다란 몸집과 기다란 목 덕분에 높은 곳의 나뭇잎을 독차지해서 먹이 경쟁도 피할 수 있었어요. 점점 기온이 낮아지고 건조해지면서 나무들이 줄어들자, 파라케라테리움은 거대한 몸을 유지할 만큼 먹이를 구할 수 없게 되어 멸종한 것으로 보여요.

- **몸길이**   7미터
- **먹이**   나뭇잎
- **서식지**   파키스탄
- **멸종 시기**   신생대 고제3기

파라케라테리움 구출 작전

파라케라테리움의 발자국 화석

2천4백만 년 전, 파키스탄

다이노 윙

파라케라테리움은 우아하게 손을 뻗으며 열심히 발레 연습을 했어요.

그런데 빙글빙글 돌다가 그만 돌부리에 걸려 넘어지고 말았어요.

파라케라테리움의 다리는 붓고 열이 나서 얼음찜질을 해야 했지요.

다이노맨은 온통 눈과 얼음이 덮인 산으로 갔어요. 얼음을 구하러 정상을 향해 점프하며 올라갔지요.

그러다 발이 쭉 미끄러졌어요. 다이노맨은 나뭇가지를 잡은 채로 로프를 정상에 있는 바위에 걸었어요.

다이노맨은 로프를 붙잡고 힘차게 정상까지 올라갔어요. 거기에는 커다란 얼음덩어리가 있었지요.

다이노맨은 펀치를 날려 얼음덩어리를 가른 뒤, 번쩍 들어 올렸어요.

얼음찜질을 한 파라케라테리움은 열도 내리고, 부은 것도 가라앉았지요.

이제 파라케라테리움은 빙빙 도는 발레 동작을 해도 끄떡없었어요.

다이노맨·케라걸과 함께하는 시간 탐험

구출 작전 ②유럽
메가네우라

구출 작전 ①유럽
마스토돈사우루스

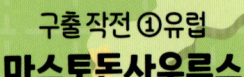

구출 작전 ⑥이집트
아르시노이테리움

멸종 동물들이 구조 신호를 보낸 곳을 지도에서 살펴본 뒤, 다이노맨·케라걸과 함께 멸종 동물들을 구하러 떠나 보세요.

구출 작전 ③북아메리카
메가케롭스

구출 작전 ⑤바베이도스
바베이도스라쿤

구출 작전 ⑦콜롬비아
티타노보아

구출 작전 ④남극
자이언트펭귄

호수가 말라서 멸종한
마스토돈사우루스

머리는 크고 편평해요.
머리뼈 길이가 1미터나 되지요.

눈은 위쪽을 향해 있어요.

머리에 비해 몸과 꼬리가 짧아요.

아래턱의 긴 엄니가 위턱을 뚫고 나와 있어요.
입을 닫으면 위에 있는 구멍으로 이빨이 튀어나오지요.

마스토돈사우루스는 강이나 연못에서 살았던 역사상 가장 커다란 양서류예요. 전체 몸길이가 3미터가 넘는 것으로 추정되는데, 머리뼈 길이만 1미터나 되지요. 마스토돈사우루스는 피부로 숨을 쉬었어요. 건조한 곳에서도 잘 사는 악어와 달리, 피부에 물이 마르면 살 수가 없었지요. 물속에서만 살았던 마스토돈사우루스는 물고기를 주로 먹었고, 물가에 가까이 다가오는 동물을 사냥했다고 해요.
가뭄 때문에 강물이 마르면서, 마스토돈사우루스는 멸종하게 되었어요. 마른 호수 바닥에서 화석이 발견되었지요.

- 몸길이 3~6미터
- 먹이 물고기
- 서식지 유럽
- 멸종 시기 중생대 트라이아스기

# 마스토돈사우루스 구출 작전

 마스토돈사우루스 턱뼈 화석　 1억 9천9백만 년 전, 유럽　 다이노 윙

친리 개구리는 마스토돈사우루스의 엄니를 보고는 마구 웃어 대며 놀렸어요.

몹시 화가 난 마스토돈사우루스는 친리 개구리를 혼내 주려고 물 밖으로 나갔지요.

하지만 다시 물속으로 들어갔어요. 피부가 말라서 숨을 쉴 수가 없었거든요.

햇볕은 내리쬐고, 호수의 물은 말라 바닥이 드러났어요. 마스토돈사우루스는 숨이 헉헉 막혔지요.

케라걸은 휴대용 가습기를 꺼내 마스토돈사우루스의 피부를 촉촉하게 해 주었어요.

마스토돈사우루스는 잠시 편안해졌지만, 피부가 다시 마르기 시작했어요.

다이노맨은 가까운 강으로 가서 호스를 연결하고는 호수로 되돌아왔어요. 호스로 강물을 빨아들인 뒤, 다이노 윙의 입으로 뿜어냈어요.

금세 호수에 물이 차올랐어요. 마스토돈사우루스는 다시 숨쉬기가 편해졌지요.

산소 농도가 줄어들어 멸종한
메가네우라

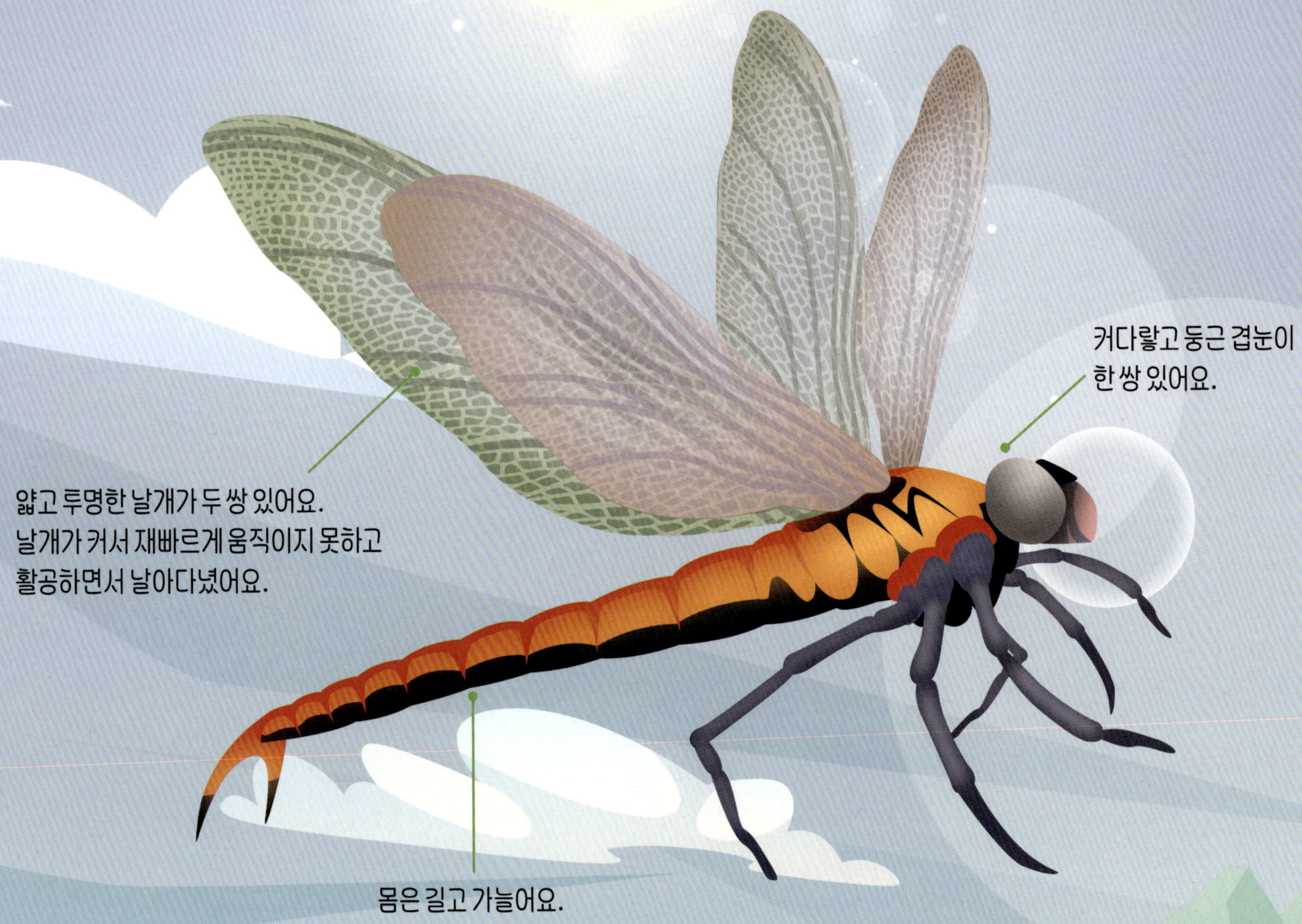

커다랗고 둥근 겹눈이 한 쌍 있어요.

얇고 투명한 날개가 두 쌍 있어요.
날개가 커서 재빠르게 움직이지 못하고 활공하면서 날아다녔어요.

몸은 길고 가늘어요.

메가네우라는 '커다란 신경'이라는 뜻으로, 고생대 석탄기에 살았던 거대 잠자리예요. 양쪽 날개를 펼쳤을 때, 길이가 70센티미터에 이를 정도로 크지요. 오늘날의 잠자리 날개보다 4.5배쯤 길어요. 날개가 워낙 커서 날개 무늬가 선명하게 찍힌 화석이 발견되었지요. 메가네우라는 몸 표면에 있는 기문을 통해 숨을 쉬었어요. 석탄기에 나무가 등장하면서 산소 농도가 높아졌어요. 그 덕분에 산소 공급이 잘 되어 몸 크기를 최대로 키울 수 있었지요. 하지만 육지에 동물이 늘어나면서 산소 농도가 낮아지자, 메가네우라는 작은 곤충으로 진화하거나 멸종한 듯해요.

- 몸길이   40센티미터
- 먹이   작은 곤충
- 서식지   유럽
- 멸종 시기 고생대 석탄기

메가네우라 구출 작전

메가네우라 날개 화석

3억 2천만 년 전, 유럽

다이노 윙

메가네우라들은 씽씽 날아다니며 신나게 잡기 놀이를 했어요.

그런데 갑자기 숨이 차올라 땅바닥으로 떨어지고 말았지요.

다이노맨과 케라걸은 숨을 헐떡이는 메가네우라들을 발견했어요.

메가네우라들은 다이노 윙의 구조 바구니를 타고 하늘 높이 올라가서 숨을 크게 들이마셨어요.

그러고는 벼랑 끝에서 날개를 쫙 펴고 뛰어내렸어요. 산소를 실컷 마시면서 하늘을 신나게 날아다녔지요.

하지만 스스로 날아오르기가 힘든 메가네우라들은 또 숨이 막힐까 봐 걱정이 되었어요.

그때 케라걸한테 좋은 생각이 떠올랐어요. 케라걸은 메가네우라들의 날개에 알록달록 풍선을 달아 주었어요.

메가네우라들은 두둥실 떠오르기 시작했지요. 풍선 덕분에 산소를 실컷 마실 수 있게 되었어요.

풀이 모자라 배고파서 멸종한
메가케롭스

어깨 위에 거대한 등뼈가 있어요.

알파벳 와이(Y)처럼 생긴 뿔이 있어요. 무리 안의 서열을 뿔로 정했어요.

입술은 두툼하고, 먹이를 고르는 긴 혀가 있어요.

메가케롭스는 코뿔소를 닮았지만 말과 더 가까운 포유동물로, 이름의 뜻은 '거대한 뿔이 달린 얼굴'이지요. 뿔은 알파벳 와이(Y)처럼 생겼고, 수컷의 뿔이 암컷보다 훨씬 컸어요. 암컷을 차지하기 위해 수컷들은 뿔로 경쟁을 했다고 해요. 온난했던 고제3기에는 식물이 잘 자랐어요. 먹을거리가 풍족해져 메가케롭스의 몸집이 점점 커졌다고 해요. 하지만 기온이 점점 낮아지고 건조해지면서 식물이 줄어들었지요. 거대한 몸을 유지할 만큼 충분하게 먹지 못해서 결국 멸종한 듯해요.

- **몸길이**   5미터
- **먹이**   풀
- **서식지**   북아메리카
- **멸종 시기**   신생대 고제3기

메가케롭스 구출 작전

메가케롭스의 뼈 화석

3천7백만 년 전, 북아메리카

다이노 드릴

메가케롭스는 풀 한 움큼을 겨우 찾아냈어요. 먹으려는 순간, 다른 메가케롭스가 다가왔지요.

메가케롭스는 배고픈 친구를 모르는 척할 수가 없어서 풀 한 움큼을 똑같이 나눠 먹었어요.

하지만 메가케롭스들한테는 턱없이 모자란 양이었어요. 배에서는 꼬르륵 소리가 요란하게 났지요.

케라걸은 배고파서 바닥에 주저앉은 메가케롭스들을 위해서 커다란 그릇에 샐러드를 가득 담아 주었어요.

메가케롭스들은 샐러드를 남김없이 싹싹 먹어 치웠지만, 여전히 허기가 졌어요.

몸집이 커서 이사하기도 힘든 메가케롭스들을 위해 다이노맨은 혼자서 초원을 찾아 나섰지요.

다이노맨은 풀이 가득한 초원에 다다르자, 다이노 드릴로 풀을 잔뜩 뽑아 한곳으로 모았어요. 그런 뒤 캠핑 매트처럼 차곡차곡 접어서 캐리어에 가득 싣고 서둘러 메가케롭스들한테 달려갔어요.

다이노맨은 접어 놓았던 풀을 쫙 펼쳤어요. 메가케롭스들은 배부르게 실컷 풀을 먹을 수 있어서 행복했어요.

남극에 고래가 나타나서 멸종한
자이언트펭귄

몸매가 홀쭉해서 날렵하고, 날개는 길고 얇아요.

부리가 길어요.

거대한 자이언트펭귄
자이언트펭귄은 키가 2미터에 가까워요. 현재 살고 있는 펭귄 가운데 가장 큰 황제펭귄은 키가 1.2미터쯤이지요.

2M
1M
황제펭귄   자이언트펭귄

펭귄치고는 다리가 긴 편이에요.

자이언트펭귄은 지구 역사상 가장 큰 펭귄 가운데 하나예요. 펭귄이 남극 대륙으로 진출하면서 펭귄의 일부는 몸집이 거대해졌지요. 지금의 펭귄과 견주어 보면 헤엄을 치는 속도와 잠수 능력이 뒤떨어졌다고 해요. 뒤늦게 남극에 이빨고래가 나타났는데, 자이언트펭귄은 이빨고래한테 먹이를 빼앗기거나 잡아먹혀서 멸종하게 되었다고 해요. 거대했던 펭귄들은 점차 작아져서 지금의 크기로 진화한 것으로 보여요.

- **몸길이**   1.8미터
- **먹이**   물고기
- **서식지**   남극 대륙
- **멸종 시기** 신생대 고제3기

# 자이언트펭귄 구출 작전

 자이언트펭귄의 발자국 화석　 3천3백만 년 전, 남극　 다이노 마린

자이언트펭귄은 해초 숲을 요리조리 헤엄쳐 다녔어요. 그러다 그만 해초에 발이 묶여 옴짝달싹 못 하게 되었지요.

다이노맨은 힘을 모아, 해초를 통째로 잡아 뜯어서 자이언트펭귄의 발을 풀어 주었지요.

무사히 바다 위로 올라온 자이언트펭귄은 또 해초에 발이 묶일까 봐 걱정이 되었어요.

케라걸은 번뜩 좋은 생각이 떠올랐어요. 화분의 풀처럼 해초 숲을 다듬기로 했지요.

모두 함께 해초 숲으로 갔어요. 케라걸이 정원 가위로 긴 해초를 자르면, 다이노맨이 청소기로 싹 빨아들였지요.

자이언트펭귄은 해초가 펭귄 모양으로 다듬어지자 안심이 되었어요. 또다시 해초에 발이 걸리는 일은 없을 테니까요.

사람들이 마구 잡아서 멸종한
바베이도스라쿤

눈 주위의 털 빛깔이 어둡고 짙어요.

꼬리는 길고 줄무늬가 있어요.

발가락이 다섯 개예요.
발가락이 가늘고 길어서 물건을 잘 잡아요.

바베이도스는 자몽의 원산지
자메이카산 오렌지와 동남아시아산 포멜로의 교배종으로, 18세기부터 바베이도스에서 재배하기 시작했어요. 자몽 열매는 포도처럼 한 가지에 송이를 이루며 열려요.

바베이도스라쿤은 카리브해의 섬나라인 바베이도스에 살았던 동물이에요. 바베이도스라쿤은 눈 주위가 거뭇해서 미국너구리와 비슷해 보이지만, 몸집이 조금 더 작아요. 바베이도스라쿤은 먹이를 물에 담갔다가 먹는 습관이 있어요. 먹이를 씻는 것이 아니라 눈이 나빠서 손에 물을 적셔 촉각으로 먹이를 확인하는 행동이지요. 사람들은 바베이도스라쿤을 농작물을 해치는 유해 동물로 정하고는 마구 죽였어요. 게다가 19~20세기에는 모피를 얻으려고 바베이도스라쿤을 무자비하게 사냥했지요. 결국 바베이도스라쿤은 1970년에 멸종하고 말았어요.

- 몸길이 50센티미터
- 먹이   물고기
- 서식지 바베이도스
- 멸종 시기 1970년

바베이도스라쿤 구출 작전

 바베이도스라쿤의 꼬리 화석
 60년 전, 바베이도스
다이노 윙

바베이도스라쿤은 늘 하던 버릇대로 자몽을 바닷물에 담갔어요. 갑자기 밀려오는 파도에 그만 자몽을 놓쳤지요.

다이노맨이 바닷가로 한달음에 달려가서 사방을 둘러보았지만, 자몽을 찾을 수가 없었어요.

몹시 실망한 바베이도스라쿤을 위해 케라걸은 새로운 자몽을 찾아 주려고 앞장섰지요.

다이노맨은 다이노 윙의 구조 바구니에 바베이도스라쿤과 케라걸을 태우고는 하늘 높이 날아올랐어요.

그런데 지나가는 새를 피하다가 다이노 윙의 날개가 절벽에 부딪쳐 고장이 나고 말았어요.

급하게 비상 착륙한 다이노 윙은 커다란 나뭇가지에 아슬아슬하게 내려앉았지요.

그때 자몽 한 개가 톡 떨어져 데굴데굴 구르더니 땅속으로 쏙 들어가 버렸어요. 바베이도스라쿤은 또 실망했지요.

하지만 자몽이 주렁주렁 열린 나무를 숲속에서 발견하고는 활짝 웃었지요.

바베이도스라쿤은 얼른 자몽을 땄어요. 그러고는 늘 하던 대로 물에 담갔다가 맛있게 먹었답니다.

사막이 넓어져 멸종한
아르시노이테리움

근육질의 커다란 어깨는 무거운 머리를 받쳐 주는 역할을 했어요.

머리 위에는 작은 뿔이 두 개 있어요.

눈 사이에는 60센티미터쯤 되는 거대한 뿔이 두 개가 있어요. 뿔은 속이 빈 뼈로 되어 있어요.

발가락은 다섯 개이고, 발굽이 있어요. 발바닥이 넓어요.

아르시노이테리움은 커다란 뿔과 작은 뿔이 각각 두 개씩 있고, 발굽까지 있는 독특한 초식 포유동물이에요. 강 가까이에 있는 숲에서 부드러운 잎이나 과일을 먹으며 살았다고 해요. 눈 사이에 있는 거대한 뿔은 길고, 끝부분이 뾰족했어요. 수컷은 구애할 때뿐만 아니라 경쟁자와 싸울 때, 육식 동물의 공격으로부터 방어하고 반격할 때 뿔을 사용했지요. 기후가 건조해지면서 서식지가 점차 사막이 되어 버리자 아르시노이테리움은 풀을 배불리 먹을 수가 없어서 멸종했을 가능성이 크지요.

- 몸길이   3.5미터
- 먹이   풀
- 서식지   이집트
- 멸종 시기 신생대 고제3기

 ## 아르시노이테리움 구출 작전

 아르시노이테리움의 뿔 화석 3천5백만 년 전, 이집트  다이노 드릴

아르시노이테리움은 헉헉거리며 모래 언덕에 다다랐지요. 사방은 온통 사막뿐이고 물가는 보이지 않았어요.

터벅터벅 다시 모래 언덕을 걷던 아르시노이테리움은 발을 헛디뎌 굴러떨어지고 말았어요.

사막에 도착한 다이노맨과 케라걸은 거대한 모래 더미에 삐죽 나온 뿔을 발견했어요.

케라걸은 다이노 드릴로 모래를 파내어 아르시노이테리움을 구했어요.

그리고 아르시노이테리움을 위해 물가가 있는 새 집을 찾아 나섰지요.

그러다가 무섭게 불어오는 회오리바람에 휩쓸리고 말았어요.

다이노 드릴은 빙글빙글 돌다가 겨우 회오리바람에서 벗어났어요.

그때 눈앞에 바로 샘이 솟고 풀과 나무가 있는 오아시스가 보였지요.

아르시노이테리움은 물과 풀, 나무가 있는 새 집이 마음에 쏙 들었어요.

추위와 더위에 모두 약해서 멸종한
티타노보아

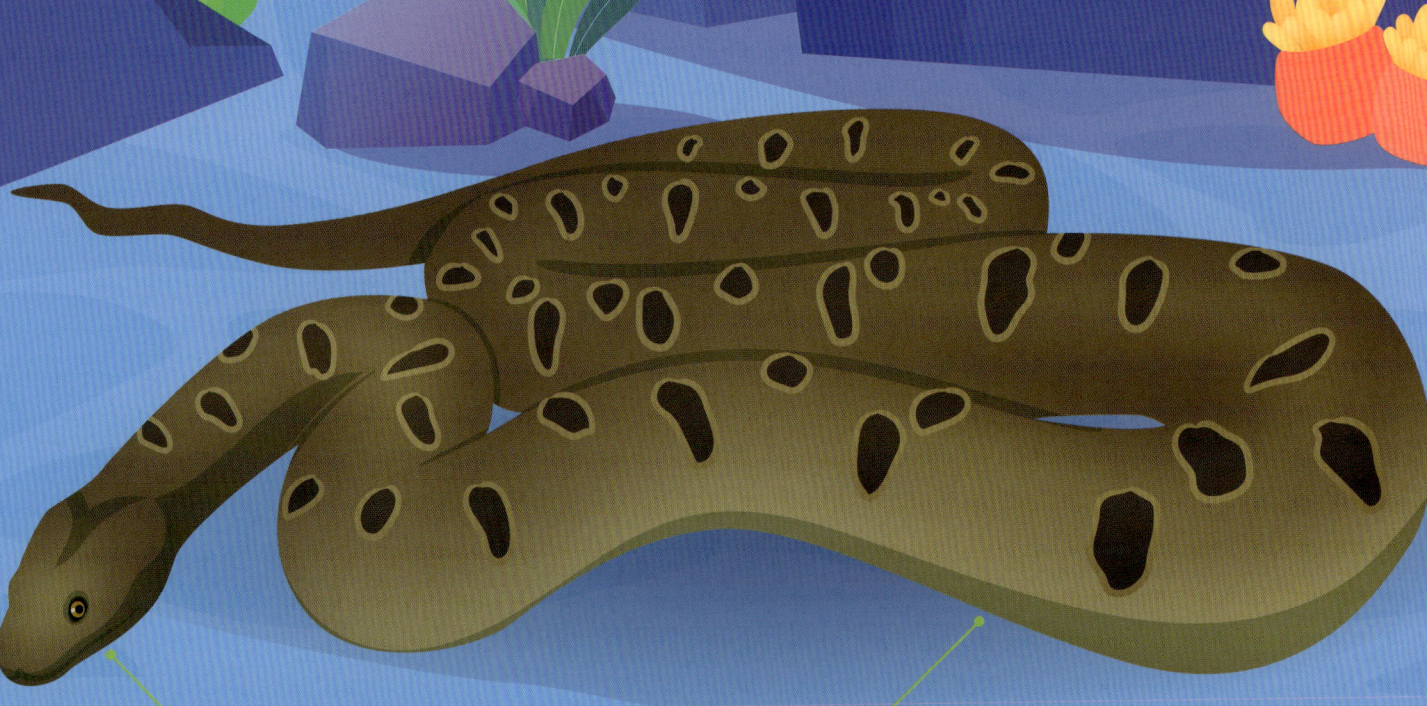

턱을 180도까지 벌릴 수 있어서
커다란 악어도 통째로 삼킬 수 있어요.

몸통 지름만 1미터에 달하고,
길이는 무려 14미터, 몸무게는 1톤 이상으로
몸집이 거대해요.

티타노보아는 '거대한 보아뱀'이라는 뜻으로, 지구 역사상 가장 커다란 뱀이에요. 똬리를 틀고 있으면 집 한 채에 가득 찰 정도라고 해요. 거대한 몸을 지탱하기 위해 주로 물가에서 생활했어요. 티타노보아는 엄청 강력한 힘도 지녔어요. 먹잇감이 숨 쉬지 못하게 몸통을 꽉 졸라서 완전히 으스러뜨린 뒤, 통째로 삼켜 버렸지요. 하지만 최상위 포식자인 티타노보아도 기후 변화 때문에 멸종하고 말았어요. 몸이 지나치게 거대해서 체온을 유지하기가 힘들었다고 해요.

- **몸길이** 14미터
- **먹이** 악어, 물고기
- **서식지** 콜롬비아
- **멸종 시기** 신생대 제4기

 # 티타노보아 구출 작전

 티타노보아의 비늘 화석　 6천만 년 전, 콜롬비아　 다이노 마린

티타노보아는 강물에서 나와 햇볕이 내리쬐는 바위 쪽으로 스르륵 기어갔어요.

그런데 먹구름이 잔뜩 몰려와 해를 가리고, 찬바람까지 불었어요. 티타노보아는 추워서 몸서리쳤지요.

다이노맨과 케라걸은 추워하는 티타노보아를 해가 있는 곳으로 데려다주기로 했어요.

다이노맨은 하늘 높이 올라갔지요. 그러자 밝게 빛나는 해가 보였어요.

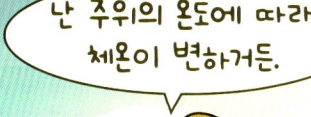

하지만 뜨거운 햇빛을 받은 티타노보아는 얼굴이 빨갛게 달아올랐어요.

다이노맨은 재빨리 티타노보아를 강으로 데리고 갔지요.

걱정이 된 다이노맨은 티타노보아를 따라갔지요. 티타노보아는 또다시 덜덜 떨고 있었어요.

다이노맨은 케라걸이 알려 준 대로 티타노보아를 차가운 물과 따뜻한 물이 만나는 곳으로 안내했어요.

티타노보아는 따뜻한 쪽과 차가운 쪽을 신나게 왔다 갔다 하며 기뻐했지요.